AF313275

NOTICE

SUR LES

MANUSCRITS AUTOGRAPHES

DE

CHAMPOLLION LE JEUNE,

PERDUS EN L'ANNÉE 1832, ET RETROUVÉS EN 1840.

PAR M. CHAMPOLLION FIGEAC.

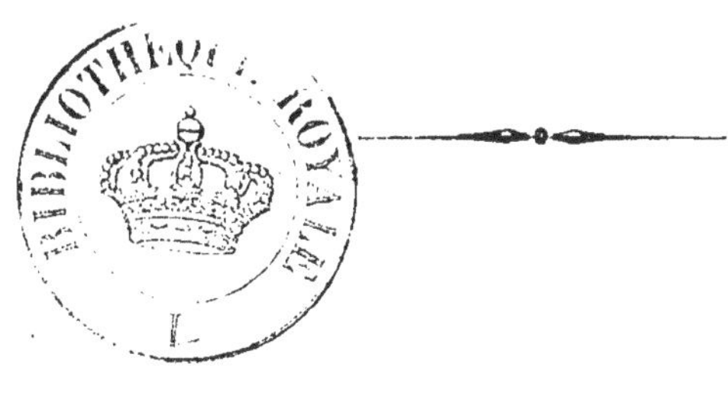

PARIS,

TYPOGRAPHIE DE FIRMIN DIDOT FRÈRES,

RUE JACOB, 56.

Mars 1842.

NOTICE

SUR LES

MANUSCRITS AUTOGRAPHES

DE

CHAMPOLLION LE JEUNE,

PERDUS EN L'ANNÉE 1832, ET RETROUVÉS EN 1840.

Lorsqu'il me fut possible, au mois d'avril 1832, de m'occuper à mettre en ordre les papiers qui composaient le cabinet de mon frère, et d'en dresser un état qui pût servir de base à la proposition faite au gouvernement de les acquérir dans l'intérêt de la science (proposition réalisée par une loi spéciale, en date du 24 avril 1833), je m'aperçus, dès le commencement de ce travail, de l'absence de quelques-uns des manuscrits les plus importants, et de celle de plusieurs autres mémoires d'un moindre intérêt, comme étant ou plus anciens, moins directement relatifs à l'Égypte, ou moins achevés. Je me fis un devoir de m'informer du sort de ces manuscrits auprès des amis de mon frère, et des personnes qui s'intéressaient le plus ou qui s'adonnaient expressément aux études égyptiennes; mais ce fut sans succès : mes démarches ne produisirent d'autre fruit que la nouvelle qui se répandit avec promptitude parmi le monde savant, de la perte de ces manuscrits de Champollion le jeune.

1.

Pour ses amis intimes, cette perte était un problème sans solution ; toutefois, ils fondaient sur l'inouïe facilité de mon frère à communiquer ses écrits et ses pensées, l'espérance que ces précieux documents n'étaient réellement qu'oubliés dans des mains également fidèles à l'honneur et à la science.

Plus d'une année se passa entre ces doutes et ces espérances ; mais pour moi, il n'en était pas tout à fait ainsi : d'affligeants soupçons se mêlaient à mes plus secrètes pensées, et, par l'effet d'une irrésistible persuasion, ils se transformaient en une accusation directe et incessante contre un des hommes les plus redevables aux bontés de mon frère. Il se nommait Salvolini, natif de Faenza, dans les États romains. A l'âge de vingt-deux ans, il était venu à Paris (en 1831), amené par le désir de se livrer aux nouvelles études égyptiennes. Recommandé par nos amis d'Italie et par le motif même de son expatriation, il fut admis par mon frère dans l'intimité de sa maison comme de son cabinet.

L'origine de mes soupçons était bien légitime ; et ils ne pouvaient pas ne pas naître et s'affermir lorsque, peu de mois après la mort de mon frère, ce même individu m'avait remis le prospectus d'un ouvrage dont il se déclarait l'auteur, et qui, sous ce titre : *Analyse grammaticale de différents textes anciens égyptiens*, par FRANÇOIS SALVOLINI, devait contenir, *en trois volumes in-4°*, l'analyse et l'interprétation de l'Inscription de Rosette, un travail semblable sur le rituel funéraire ; enfin, le formulaire habituel des stèles, analysé, expliqué et comparé dans ses principales variantes.

A l'aspect de ce prospectus, je me sentis comme accablé par une subite et pénible révélation : je vis dès ce moment les manuscrits de mon frère dans des mains, non plus oublieuses, mais criminelles et résolues. Je trouvai cependant quelques paroles presque impartiales à dire à cet homme : je lui exposai bien méthodiquement qu'il était placé, par l'annonce d'un semblable ouvrage comme sien, dans une position singulière, inévitablement fâcheuse, en ce que, étant jusque-là inconnu au monde savant, ce monde ne comprendrait pas un tel début, consistant en trois volumes in-4° sur la partie la plus difficile, et encore toute neuve de la science égyptienne, l'interprétation des textes; que dans ce même monde on savait encore trois choses universellement : 1° que Champollion le jeune avait composé et lu à l'Institut, en l'année 1822, un mémoire fort étendu sur l'Inscription même de Rosette; 2° que ce mémoire avait disparu du cabinet de l'auteur pendant sa dernière maladie; 3° que lui, Salvolini, était la seule personne à qui ce cabinet eût été ouvert, et tous les jours, pendant ce même temps.

L'interlocuteur eut l'imprudence de me demander quelques explications au sujet de cette troisième circonstance; je les lui donnai nettement, fermement, en termes très-clairs, très-haut et en public. Je ne sais si je l'ai jamais revu depuis; mais j'écrivis tout ce qui venait de se passer, de se dire, et en termes identiques, à l'un des plus fidèles amis de mon frère, à M. l'abbé Gazzera, de Turin; ma lettre dira toujours que mes soupçons de 1832 ne sont pas venus après la manifestation des faits en 1840.

Au mois d'août 1833, dans la séance solennelle de l'Académie des inscriptions et belles-lettres, l'illustre secrétaire perpétuel de cette compagnie, le baron Silvestre de Sacy, lut sa notice sur la vie et sur les ouvrages de mon frère : il parla douloureusement des manuscrits qui étaient perdus, du mémoire sur l'Inscription de Rosette, et de celui qui concernait la Notation graphique des divisions civiles du temps chez les Égyptiens. Mais cette voix vénérable ne trouva point d'oreille ni de cœur sensibles à ses accents, et ce fut en vain qu'elle adjura, à la face de l'Europe savante, les dépositaires de ces écrits de ne pas les dérober plus longtemps à la science, à l'Académie, à la famille de l'auteur.

On verra bientôt avec quelle profonde hypocrisie, avec quelle audace, le détenteur même de ces manuscrits en déplorait lui-même la perte, invoquait, les larmes aux yeux, leur restitution, en même temps qu'il les publiait avec son nom; et ce détenteur, c'était Salvolini.

Chacun des divers écrits que ce malheureux mettait au jour était pour moi une nouvelle révélation : j'avais vu d'assez près mon frère travailler, et naître ses ouvrages, je puis dire phrase à phrase; assez écouté sa parole, assez fidèlement recueilli, et discuté quelquefois ses idées, pour en reconnaître partout les traces : car lui seul créait, développait, démontrait chaque jour des faits nouveaux qui enrichissaient la science.

Je n'avais rien oublié de ce qu'il m'avait dit, moins encore rien de ce qu'il avait écrit, et je retrouvais jusqu'à ses termes techniques, ceux qu'il avait créés avec ses idées nouvelles, dans les mémoires publiés par ce disciple dévoué, qui déclarait « écrire d'après les *souvenirs* qui lui « restaient des travaux du maître, dont il avait eu le bon- « heur de prendre connaissance dans le temps. » On aura bientôt les preuves de la puissance de sa mémoire : car il s'est *souvenu*, en effet, très-fidèlement, et *mot à mot*, dans ses deux Lettres sur la notation des divisions du temps chez les Égyptiens, du Mémoire sur ce même sujet, dont il avait soustrait presque tout le manuscrit, et qui, imprimé tout récemment, ne remplit pas moins de 64 pages in-4°.

Dirai-je ici la vie qu'il traîna jusqu'au mois de février 1838, affaiblie, minée, consumée par les maladies et les souffrances? Les narrations de ses amis m'en ont déjà dispensé; mais, tout en respectant des sentiments qui les honorent, je pourrai, je pense, et sans offenser ni les morts, ni les vivants, me dispenser de souscrire à leurs apologies.

Je m'informai du sort des papiers laissés par Salvolini; un renseignement inexact de tout point me détourna de donner quelque suite à ces premières recherches; on venait de me dire que ces papiers, réclamés par un ambassadeur étranger, avaient été envoyés au delà des Alpes.

Cette fausse donnée pouvait tout compromettre à jamais; car les papiers de Salvolini n'étaient point sortis de Paris, ils y sont restés deux années encore, à peu près abandonnés dans une chambre, et ces papiers n'étaient pas autre chose que les manuscrits mêmes de Champollion le jeune!

La Providence, oserai-je dire ainsi? les avait pris sous sa garde; vers le 15 mars 1840, la science avait recouvré ces trésors; le coupable qui l'en avait privée était déclaré, et tout aussitôt l'opinion publique en faisait justice. Je vais raconter les circonstances de cet événement, bien digne de quelque mémoire dans l'histoire littéraire de notre temps.

Un artiste recommandable par ses qualités personnelles comme par son talent, M. L. Verardi, avait été chargé par la famille Salvolini de régler les affaires du défunt à Paris. SES manuscrits paraissaient un des meilleurs articles de sa succession : ils furent proposés à quelques personnes, qui ne voulurent pas en faire l'acquisition. C'étaient les autographes de Champollion; mais on n'y voyait que les autographes de Salvolini : le plus frauduleux des déguisements contribuait à tromper les acquéreurs; il trompa M. Verardi lui-même, mais, en définitive, conserva les manuscrits à la France.

Dans l'embarras de sa mission, M. Verardi résolut de consulter M. Ch. Lenormant, mon honorable collègue à la Bibliothèque royale, compagnon de mon frère dans le voyage d'Égypte et de Nubie, et l'un des contemporains qui ont conservé à la mémoire et aux doctrines du savant français un loyal et religieux dévouement. A une première ouverture, M. Lenormant ne montra que son juste éloignement pour le souvenir et les œuvres de l'Italien défunt. Pressé de nouveau, à peu de temps de là, vers le 15 mars, il consentit, par pure obligeance envers M. Verardi, à voir ces papiers, et deux jours après, il courut m'annoncer que tous les manuscrits de mon frère étaient retrouvés.

Les circonstances de ce miracle sont consignées dans une lettre qui doit prendre place parmi les documents historiques de notre époque; elle fut écrite par M. Lenormant à M. Verardi. Je prends sur moi seul d'en consigner ici le texte : il servira de direction à la gratitude publique qui s'émut si vivement à la nouvelle de la découverte dont cette lettre va révéler les circonstances.

Paris, le 20 Mars 1840,

A M. Louis Verardi,   *à Paris.*

Monsieur ,

« Il y a quelques jours vous m'avez appelé pour me communiquer des manuscrits laissés par feu Salvolini, et pour me consulter sur la valeur vénale que l'on pouvait attacher à ces manuscrits. Je me suis rendu avec empressement à votre invitation. A peine avais-je ouvert quelques cartons, que je reconnus sur un grand nombre de pièces l'écriture de Champollion le jeune, le savant illustre sous lequel avait étudié Salvolini, et dont je suis fier aussi d'être l'élève. Ces pièces avaient-elles été *données* par Champollion à Salvolini , ou plutôt pouvait-on reprocher à ce dernier de les avoir *soustraites* des portefeuilles de son maître pendant sa dernière maladie? Le nombre vraiment prodigieux des manuscrits de Champollion que je reconnaissais à chaque instant, l'intérêt et l'importance de la plupart d'entre eux me portaient de plus en plus à soupçonner la soustraction; mais toute incertitude cessa dans mon esprit, quand j'eus constaté parmi ces papiers la présence de deux mémoires, dont l'enlèvement a été pu-

bliquement signalé dans l'éloge de Champollion, prononcé par M. Silvestre de Sacy, dans la séance solennelle de l'Académie des inscriptions et belles-lettres du 2 août 1833. La première de ces pièces,
contenant l'interprétation *de la partie démotique de l'inscription de
Rosette*, a donné lieu de la part de M. de Sacy à l'observation sui-
vante : «On n'apprendra pas sans un sentiment pénible de surprise et
de regret que cette partie si importante du mémoire a disparu dans
les derniers temps de la maladie de l'auteur.» L'autre manuscrit
forme la première partie d'un mémoire lu dans le cours de 1831 à
l'Académie des inscriptions, et qui traite de *la notation graphique des
divisions civiles du temps chez les Égyptiens*. M. de Sacy avait parlé
plus sévèrement encore, s'il est possible, de la soustraction de cette
dernière pièce. «Si Champollion, disait-il, eût cédé aux désirs de
« quelques-uns de ceux qui en avaient entendu la lecture, il en au-
« rait fait jouir le public avant l'époque à laquelle il pouvait paraître
« dans notre recueil, et nous n'aurions pas aujourd'hui à exprimer
« des regrets sur la trop grande facilité avec laquelle il communiquait
« les fruits de ses travaux, et à adjurer, au nom des sciences et de la
« justice, le dépositaire de la partie la plus importante de ce pré-
« cieux trésor, de ne pas le dérober plus longtemps à l'Académie,
« à qui il appartient, à la science qui le réclame, et à la famille de
« Champollion, dont la mémoire ne doit pas être victime de ses
« sentiments nobles et généreux.» Reconnaître que Salvolini, dépositaire de ces précieux manuscrits, n'avait pas répondu à l'injonc-
tion qui lui était faite publiquement de les restituer, c'était constater
que Salvolini les avait soustraits avec l'intention de se les approprier.
Puisqu'il en était ainsi des deux pièces les plus importantes, pourquoi se serait-on formé une opinion différente de la manière dont
Salvolini s'était procuré les autres manuscrits de Champollion? et
comment aussi aurais-je échappé à la conviction que Salvolini avait
voulu sciemment s'approprier les travaux de son maître, quand je
lisais, par exemple, sur un manuscrit écrit entièrement de la main
de Champollion cette note que Salvolini avait tracée : *Storia d'Egitto
(in francese) par* (sic) *F. Salvolini?* Après vous avoir fait part de mes
doutes, je dus, Monsieur, vous communiquer la triste certitude que
je venais d'acquérir. Je ne pouvais un seul instant mettre en doute
votre parfaite loyauté. Dépositaire des papiers de Salvolini, vous ne
pouviez désormais les livrer à personne, même à ses héritiers directs,
avant que ce qui appartenait à une autre succession en eût été
séparé. Mais quand bien même les héritiers de Salvolini, mal informés
ou malintentionnés, vous auraient enjoint de leur remettre la totalité

des manuscrits, la prévision d'un tel parti m'eût empêché de garder le silence. Je n'aurais pu laisser tomber dans l'oubli un *délit* dont les conséquences intéressaient à la fois et l'avenir de la science et la mémoire de mon maître. Vous vîtes que ma résolution était prise à cet égard, et il vous fallut reconnaître que si les manuscrits échappaient, la mémoire de Salvolini deviendrait inévitablement l'objet d'une flétrissure publique. Dans cette conjoncture, vous vous êtes adressé à ma modération : vous m'avez demandé s'il ne serait pas possible de restituer à la succession de Champollion ce qui lui appartient, tout en laissant tomber un voile sur les procédés ingrats et sans loyauté de Salvolini. Vous n'eûtes pas de peine à me faire entrer dans votre pensée, et je m'estimai heureux de pouvoir, pour vous seul, me départir de la ligne inflexible que j'étais déterminé à suivre. Nous convînmes de choisir parmi les manuscrits tracés de la main de Salvolini quelques portefeuilles qu'on joindrait aux manuscrits de Champollion. Restait à fixer le prix d'acquisition; mais ce qui appartenait réellement à Salvolini, n'avait, à mes yeux du moins, qu'une valeur extrêmement médiocre; je me crus donc autorisé à en fixer le prix d'achat comme je l'entendais, et c'est à votre considération seulement que j'ai consenti à élever ce prix jusqu'à la somme de 600 francs, avec l'assurance que le nom de Salvolini serait seul prononcé publiquement dans cette circonstance.

« C'est en vertu de ces conventions, Monsieur, que vous m'avez ce matin, sur mon reçu particulier, fait la remise, tant des manuscrits acquis de la succession de Salvolini, que de ceux qui appartiennent à Champollion.

« Dans toute cette affaire, Monsieur, je dois vous rendre le témoignage que vous avez agi avec autant de prudence que de délicatesse. Vous avez généreusement protégé la mémoire d'un homme que vous avez honoré de votre amitié, sans frustrer aucunement ses héritiers. Je ne doute pas, Monsieur, que ceux-ci n'approuvent complétement votre conduite. Mais dans le cas où, sous l'influence, soit de suggestions étrangères, soit d'une mauvaise inspiration, ils vous inquiéteraient sur les conséquences de vos actes, autorisez-vous pleinement de moi, Monsieur; comptez, si cela vous est nécessaire, sur ma protection publique, et dites d'avance de ma part à ceux qui se permettraient de vous désapprouver, qu'un honnête homme, à votre place, n'avait pas pu agir autrement que vous n'avez fait.

« Agréez, Monsieur, l'assurance de ma considération
la plus distinguée.
« Signé LENORMANT. »

Au texte d'un tel document, je n'ai qu'un mot à ajouter : la plupart de ces manuscrits de mon frère avaient été donnés en gage par Salvolini, les faisant servir ainsi aux deux fins qu'il se proposait en même temps : l'argent et la renommée.

Nous allons indiquer ici les principaux de ces manuscrits, et, sans vouloir troubler le repos des cendres refroidies de leur malheureux détenteur, nous dirons, le plus sommairement possible, combien et comment il en a usé et abusé. Au titre de chaque manuscrit nous joindrons les indications indispensables à l'objet de cette partie de notre notice, celles des plagiats publics de Salvolini.

I. *Analyse du texte démotique de l'inscription de Rosette.*

C'est le tableau qui suit et qui complète le Mémoire sur l'écriture démotique, lu à l'Académie des inscriptions et belles-lettres de l'Institut en 1822. Ce tableau présente le texte démotique entier de l'inscription de Rosette, séparé par groupes ; au-dessous de chaque groupe était placé le mot du texte grec correspondant, la lecture du groupe en langue égyptienne, la traduction française, et des chiffres indiquant les autres lignes du même texte, où le même groupe était employé et conservait la même valeur.

Dès que le texte démotique atteignait les premiers signes de la partie hiéroglyphique conservée, cette partie était également divisée en groupes, et ces groupes hiéroglyphiques étaient, dans ce tableau très-étendu, mis en concordance avec les groupes démotiques, et avec les mots grecs, coptes et français correspondants. Des chiffres servaient aussi de renvoi aux autres lignes.

Depuis l'époque où ce tableau fut rédigé, l'auteur y avait fait plusieurs rectifications, et l'on comprendra facilement toute l'importance de ce travail pour celui qui voulait entreprendre l'interprétation des textes égyptiens de l'inscription de Rosette : la séparation des groupes qui forment, dans ce monument, des lignes continues de

signes, et la dissection de ces mêmes groupes par l'isole-
ment de chaque signe mis à sa place grammaticale, est
l'opération fondamentale de toute interprétation, et cette
opération suppose, dans celui qui la fait, la science entière
des écritures égyptiennes.

Pour la partie *hiéroglyphique* de cette inscription, Salvolini *a fait un calque* du tableau manuscrit de Champollion, et ce calque est *reproduit* sur les pages 1 à 8 des
planches qui accompagnent son *Analyse de différents
textes égyptiens*, imprimée à Paris en 1836, et sur les pages
9 à 12, qui devaient être publiées plus tard.

L'intitulé de ces planches annonce à la fois le *texte hiéroglyphique* et le *texte démotique* de la pierre de Rosette,
en quarante planches ou pages ; j'ai sous les yeux les épreu-
ves des pages 13 à 40 ; elles reproduisent aussi le *calque*
du texte démotique tout entier, pris par Salvolini sur le
manuscrit de Champollion, qui est exécuté, quant à ce
texte, avec cette perfection dans le tracé linéaire des signes
qui lui était propre, et que les planches ont conservée.
Cette partie de l'ouvrage de Salvolini n'a pas été publiée.

En copiant le manuscrit du savant français, le plagiaire
ose toutefois en parler, mais c'est pour détourner de lui
tout soupçon de possession : il dit d'abord (*Analyse*, etc,
préf. p. xv, note 1) : « Champollion avait rédigé un tableau
analytique du texte hiéroglyphique, et je puis en parler d'a-
près un autographe *que j'ai eu entre mes mains à Bologne.* »

Il ajoute qu'il a transcrit pour ses planches le texte
hiéroglyphique en hiéroglyphes linéaires, d'après une seule
empreinte de l'original. Mais le manuscrit de Champollion prouve que cette transcription linéaire lui appartient
aussi. Il est constant, d'ailleurs, que Salvolini n'avait
aucune notion du dessin ; les signes égyptiens qu'il a publiés, si ce ne sont pas des calques, se reconnaissent à
leurs difformités. (Voyez *le calque n° 4 de la planche
jointe à cette notice.*)

Quant au texte démotique d'une si belle exécution dans le manuscrit, l'auteur de l'Analyse s'en fait également honneur dans la même note, mais ce n'est encore qu'un *calque* du beau texte de Champollion, et l'évidence de ce fait ressort : 1° de ce que les signes *ponctués* de la copie de Salvolini le sont aussi dans le manuscrit de Champollion; 2° de ce que dans le manuscrit et dans la copie de Salvolini, la distance entre les groupes est *absolument* la même dans toute l'étendue des 28 pages.

Dès 1835, importuné, sans doute, de l'appel fait publiquement par M. de Sacy, et partout bien compris, Salvolini, parlant de ce tableau analytique (*Campagne de Rhamsès*, p. 90, note 1.), convient « qu'il l'a eu pour quelques instants sous les yeux; » et, simulant une méprise dont il n'était pas capable en cette matière, il ajoute, pour l'instruction du public, ces lignes consolantes :

« Au reste, quant au travail de Champollion, non-seu-
« lement il en existe la première rédaction, comme M. le
« baron de Sacy l'a annoncé, mais des amis de l'illustre
« défunt possèdent aussi une copie *de l'original complet.*
« Je fais remarquer cette dernière circonstance, quoique
« M. Champollion-Figeac, se faisant fort de la bonne foi de
« plusieurs hommes respectables, ait cru utile de *faire*
« *croire* que cet original est absolument perdu. »

M. Champollion-Figeac ne voulait faire croire qu'une seule chose, c'est que le manuscrit original avait été soustrait par Salvolini, et c'est, en effet, chez lui qu'il a été retrouvé.

Je ne dois pas omettre de dire qu'un savant professeur de Turin, M. l'abbé Peyron, publia, en 1835, dans la *Biblioteca italiana* de Milan, une notice détaillée du *Tableau analytique* de Champollion, d'après une copie qu'il en possédait : il se proposait, dit-il, par cette notice rendue publique, d'éviter que la perte de l'original « ne devînt profitable à un plagiaire, ou qu'elle n'offrît un prétexte aux calomniateurs (1).» Il est certain aujourd'hui qu'on ne s'est pas garanti du plagiaire, et qu'on ne calomniait pas Salvolini en déclarant qu'il avait soustrait ce manuscrit.

II. *Variantes du texte grec et du texte démotique de l'inscription de Rosette comparées.*

C'est de ce manuscrit que Salvolini a tiré mot pour mot l'observation qu'il a consignée aux pages 255 et 256 de l'*Analyse grammaticale* concernant la différence que les textes égyptiens établissent clairement entre les mots εἰκόνα et ξόανον, *image* et *statue*, du texte grec (2). L'auteur promet d'y revenir à l'occasion d'un groupe de la cinquième ligne du texte hiéroglyphique de l'inscription : sa bonne volonté n'a pas eu de suite.

Dans la préface de ce même ouvrage, *Analyse grammaticale*, pages xvij et xviij, Salvolini raconte que, pour ses investigations du texte *démotique* de l'inscription de Rosette, il en était *réduit* à *l'alphabet* publié par mon frère dans sa *Lettre à M. Dacier*, et au *Tableau* du docteur Young, inséré dans les *hiéroglyphics* : il ajoute, page xix, « qu'il regrette bien vivement le secours d'un travail inédit « que Champollion avait soumis à l'Académie en 1822, et « que ses regrets étaient d'autant plus pénibles que, depuis « la mort de l'illustre hiérogrammate, la partie peut-être « *la plus importante* de ce long travail, le *Tableau analy-* « *tique du texte démotique*, on la disait perdue. »

Or, c'est ce *Tableau analytique* qui était en sa possession, et de plus, les manuscrits suivants, enlevés aussi du cabinet de Champollion :

_____

(1) Traduction de cette notice par Salvolini, dans la préface de son ouvrage intitulé *Analyse*, etc, 1836, page xx.

(2) Voyez ce passage même du manuscrit de Champollion, cité par M. Letronne, *Inscription grecque de Rosette*, Paris, Didot, 1841, in-8°, page 28.

III. *Tableau des signes et sèmes grammaticaux démotiques,
avec le brouillon de ce même tableau.*

IV. *Table alphabétique des noms propres en écriture démotique de l'inscription de Rosette et d'autres monuments, inscriptions ou manuscrits, avec la lecture de ces
noms.*

V. *Liasse de notes concernant l'écriture démotique.*

VI. *Liasse de contrats ou intitulés de contrats démotiques,
transcrits, analysés mot par mot, et traduits en grande
partie.*

VII. *Liasse de copies d'inscriptions bilingues, hiéroglyphiques et démotiques, transcrites, analysées et traduites
pour la plupart.*

On peut voir dans la notice déjà citée de M. l'abbé Peyron toute l'importance du tableau des signes grammaticaux démotiques (n° III). Ainsi, Salvolini qui la possédait,
de même que les autres manuscrits relatifs à l'écriture
démotique, désignés ici sous les n°ˢ IV, V, VI et VII, ne
se trouvait pas tout à fait réduit, comme il le proclame,
aux faibles ressources qu'il indique, et son *instinct* n'avait
plus de si grands efforts à faire «pour entrer dans la voie
où son travail devait prendre une marche sûre» (*Analyse,
Préface*, page xxiv). Il est vrai qu'il paraît fort disposé,
dès la page xix de la même préface, à se consoler de la
perte du tableau n° II, vu «le genre de secours qu'il au-
rait pu en tirer, lors même qu'il lui eût été possible de
l'avoir à sa disposition.» Pourquoi donc l'avoir calqué et
publié sous son nom? Pourquoi avoir écrit sur la couverture, en grosses lettres, *Demotica*, avec les initiales de son
nom F. S. *François Salvolini?*

VIII. *Brouillon et première mise au net de la Grammaire hiéroglyphique.*

Après la première atteinte portée à sa vie, dans le mois de décembre 1831, mon frère s'occupa de mettre en ordre les manuscrits de sa *Grammaire égyptienne*. Il avait fait une seconde mise au net de la plus grande portion de cet ouvrage. Il compléta cette seconde copie avec les feuilles de la première, et remit le manuscrit entre mes mains. Je le déposai dans un lieu inabordable aux hommes et aux événements ordinaires de la vie; le reste du manuscrit de la première copie resta dans le cabinet de mon frère, et en disparut. Il a été retrouvé chez Salvolini, et ce gros paquet ne contenait pas moins de deux cent vingt-quatre feuillets in-4°.

De l'année 1832 à l'année 1836, époque à laquelle parut la première partie de la *Grammaire égyptienne* imprimée, Salvolini publia *tous* les ouvrages qui le firent distinguer parmi les élèves de Champollion, et qui lui concilièrent de puissantes et de très-actives protections. Ces ouvrages abondaient en notions neuves et utiles pour l'étude de l'archéologie égyptienne. Si l'on prend la peine de rapprocher la plupart de ces notions du texte aujourd'hui publié en entier de la *Grammaire égyptienne*, on retrouvera la source si habilement déguisée de tant de science : les préceptes et les exemples y sont puisés avec une égale liberté.

Je ne puis pas reproduire ici le tableau de ces dilapidations littéraires, il est trop étendu; je dois me borner à quelques indications.

EXEMPLES EMPLOYÉS PAR SALVOLINI, QUI SONT TIRÉS DU MANUSCRIT DE LA GRAMMAIRE ÉGYPTIENNE.

Campagne de Rhamsès, page 43. L'exemple n° 13 de la

planche II, indiquant *deux mille cinq cent soixante che-vaux*, est à la page 235 de la *Grammaire* imprimée, et dans ce premier exemple, le plagiaire a été malheureux : car il copie mal en imprimant en toutes lettres deux mille *sept cent* soixante chevaux, tandis que les chiffres qu'il transcrit portent très - positivement *cinq cents*. Il copie plus exactement l'indication du manuscrit où cet exemple se trouve; on lit, en effet, dans le manuscrit de mon frère cette citation : « Campagne de Rhamsès le Grand contre les Schéta et leurs alliés; manuscrit de M. Sallier, page 1ʳᵉ, ligne 9, et page 3ᵐᵉ, ligne 9. » Cette citation est abrégée dans la *Grammaire* imprimée; mais dans l'ouvrage de Salvolini, elle est conforme au manuscrit de Champollion.

A la suite de cette bévue, le maladroit copiste emploie quelques pages à l'explication de la valeur de ces chiffres formant le nombre deux mille cinq cent soixante; mais ce travail était tout fait dans les feuilles de la *Grammaire* qu'il avait dans ses mains.

Même ouvrage, pages 14 à 19, ce qui concerne la dé-termination de la valeur du signe *terre* ou *pays*, surmonté du *casse-tête*, se lit textuellement dans la *Grammaire* imprimée, pages 135 et 149. La plupart des noms de peuples cités par Salvolini s'y trouvent aussi expliqués.

Même ouvrage, page 36, ce qui y est dit du *moineau,* signe déterminatif, est tiré mot à mot de la *Grammaire,* et se trouve à la page 102 du texte imprimé. Il est vrai que le plagiaire déclare qu'il parle d'après son maître; mais il ne cite pas la *Grammaire*, il ne pouvait pas la citer : il confesse, toutefois, même par ses restrictions, la pos-session illégitime du manuscrit.

Même ouvrage, page 38, le mot *mille*, exprimant l'idée *beaucoup,* est expliqué, avec les mêmes exemples, à la page 231 de la *Grammaire* imprimée.

Même ouvrage, page 45, les deux exemples de l'emploi

— 18 —

du chiffre *cent*, dans les nombres *trois cents cannes et trois
cent soixante cannes de longueur*, se. trouvent dans la
Grammaire imprimée, pages 228 et 229.

Dans cet imprimé, la citation des chapitres du Rituel funéraire d'où ces deux exemples sont tirés, est très-sommaire;
elle est plus étendue dans le brouillon de la *Grammaire*, et
dans l'imprimé de Salvolini cette citation est mot pour mot
encore dans les termes du brouillon manuscrit, où l'on
trouve ces mots qui révèlent quelque science, *IIIe partie* (du
Rituel), *Description de la quatrième demeure d'Osiris*.

Nous avons, toutefois, une autre bévue à signaler dans
cette citation : dans la lecture copte de ces deux exemples
hiératiques, la lecture imprimée au bas de la page 45,
Salvolini exprime les mots français *sa longueur*, qui sont
employés dans les deux exemples, dans l'un par ⲧⲉϥϣⲓⲏ,
et dans l'autre par ⲡⲉϥϣⲓⲏ; cependant le mot ϣⲓⲏ, *longueur*, est masculin ou féminin; Salvolini doit le savoir,
lui «familiarisé dès son enfance avec les textes coptes (1),»
et, dans ce cas, il doit attacher à ce mot le pronom possessif ⲛⲉϥ, s'il sait que le mot est masculin, ou ⲧⲉϥ, s'il
le sait féminin. Mais il n'a pas vu que, dans le premier
exemple, Champollion ayant employé le mot copte ϣⲓⲁⲉⲓ,
qui est masculin, il l'a écrit ⲛⲉϥϣⲓⲁⲉⲓ, avec le pronom
masculin; et qu'ayant employé dans le second exemple
ϣⲓⲏ, qui est féminin, il l'a écrit ⲧⲉϥϣⲓⲏ, avec le pronom
possessif féminin. Le manuscrit n'offre aucune incertitude
à cet égard. Mais la science copte de Salvolini lui a fait
défaut en cet endroit; il a écrit le mot féminin ϣⲓⲏ partout en le faisant une fois masculin, une fois féminin et
dans la même ligne! il n'y avait cependant qu'à bien copier.

Même ouvrage, pages 47 et 48, l'explication des signes

____

(1) Préface de l'Analyse grammaticale, page xviij.

déterminatifs la *jambe de quadrupède* et la *partie posté-rieure d'une peau de quadrupède*, est tirée textuellement, quoique un peu corrompue, des pages 82 et 83, n° A, de la *Grammaire* imprimée.

Même ouvrage, page 50, note 1, la valeur phonétique ω attribuée à l'hirondelle est dans la *Grammaire* imprimée, page 37, n° 30; de même la *découverte* de la valeur du groupe ωp, *chef, principal*, pages 37 et 106, est à la page 320 de la *Grammaire*, et elle est employée dans trente exemples du même ouvrage, notamment à la page 268.

Voici, du reste, sur ce même groupe, comment Salvolini fit la *découverte* de sa véritable valeur phonétique, et un exemple des mille procédés semblables qui sont répandus dans ses imprimés.

A la page 14 de la première Lettre à l'abbé Gazzera, Salvolini a traduit ce groupe par ap, aep, *grand*, don-nant à l'hirondelle le son de a; à la page 50 de la Cam-pagne de Rhamsès, il se rétracte, et annonce que les monuments lui *ont démontré* que l'hirondelle exprimait réellement la lettre ω, et que le groupe devait être lu ωp. La vérité est que, dans le premier cas, Salvolini ayant dans ses mains un mauvais feuillet du *Dictionnaire égyptien* de Champollion, qu'il prit pour bon, et marqua de ses mains du n° 302, feuillet où l'hirondelle est indiquée comme signe de la lettre x, il a pris aussi cette indication pour bonne; mais ayant ensuite trouvé dans le manuscrit de la *Grammaire*, qu'il s'était aussi approprié, que l'hirondelle exprimait réellement ω, il a corrigé, dans le second cas, ce qu'il appelle une *inadvertance* dans le premier. Voilà comment les *monuments lui ont démontré* la véritable va-leur phonétique de l'hirondelle, et la mesure du service qu'il a rendu à la science par sa découverte. (Voyez *Dic-tionnaire égyptien*, page 142, au signe *hirondelle*.

2.

Même ouvrage, page 54; le long passage du papyrus Sallier, cité, traduit en copte et en français, transcrit en signes hiératiques et ramenés à la forme hiéroglyphique, se trouve sous ces quatre mêmes aspects dans la *Grammaire* imprimée, page 268; mais, au moyen du manuscrit qu'il avait à sa disposition, Salvolini a pu s'attribuer cette interprétation, car la *Grammaire* imprimée n'a paru que trois ans plus tard. Et s'il nous fallait entrer dans de minutieux détails révélant au grand jour l'insuffisance du plagiaire, nous demanderions comment il se fait qu'avec sa science si profonde il ne se soit pas aperçu qu'il *copiait mal* le manuscrit de Champollion : car lorsqu'il a reproduit dans la planche II de son opuscule, et sous le n° 31, le texte hiératique de ce passage du papyrus, avec sa transcription en hiéroglyphes linéaires, comme dans le manuscrit de Champollion, il a oublié dans deux groupes un signe à chacun, de sorte que, composés l'un et l'autre dans l'hiératique de cinq signes, il ne s'en trouve que quatre correspondants sur la ligne hiéroglyphique, et, ce qui est non moins digne de remarque, un de ces groupes étant répété à un doigt de distance, il est exact la seconde fois et inexact la première, le rouleau vertical étant omis.

De ces minutieuses erreurs ou omissions, comme on voudra, on en ferait bien des pages.

Même ouvrage, la citation du même papyrus à la page 76 et planche II, n° 47, se trouve tout entière à la page 275 de la *Grammaire* imprimée. Mais on ne cite ni la *Grammaire*, ni son auteur.

Il en valait cependant la peine : car le texte manuscrit de la *Grammaire* emporté par Salvolini ne formait pas moins de deux cent vingt-quatre feuillets in-4°. Je les ai trouvés parfaitement classés en dix parties, enfermées dans autant d'enveloppes exactement numérotées, et intitulées de la main du *dépositaire*. Ces enveloppes, quoique en mauvais papier gris, seront fidèlement conservées. Nous en avons de plus curieuses encore à faire connaître.

IX. *Dictionnaire hiéroglyphique.* Le manuscrit de Champollion était comme en partie double : 1°, en feuillets in-folio, divisés en colonnes, contenant successivement le signe hiéroglyphique pur, le signe linéaire et sa réduction hiératique, sa description, sa qualification, le sens et la valeur du signe, les exemples où il est employé ; 2°, en cartes isolées, sur lesquelles les définitions et les exemples étaient reportés signe par signe. Il résultait de ce double original du *Dictionnaire hiéroglyphique* la facilité d'en classer les signes et les mots selon diverses vues propres à faciliter les recherches, ou par ordre de matière, ou par ordre alphabétique.

Ce travail est fort étendu ; il était déjà volumineux avant le voyage en Égypte. Pendant ce voyage, mon frère s'en occupa souvent ; il fit beaucoup de cartes ; ses amis le secondèrent en lui faisant des copies ; de retour à Paris, il augmenta l'ouvrage de beaucoup d'articles, il corrigea un certain nombre des anciens : le *Dictionnaire* arriva ainsi à former un très-gros volume petit in-folio, et ses cartes à remplir une longue boîte à compartiments.

Salvolini voulut d'abord copier le *Dictionnaire*, quoique sans permission ; ce travail exigeait beaucoup de temps ; l'événement fatal s'approchait ; il le devina ; il *emporta* donc chez lui tout le texte du *Dictionnaire*, cartes et feuillets, qu'il n'avait pas eu le loisir de transcrire. On y a retrouvé *trois cent vingt-neuf feuillets in-folio*, tous numérotés de sa main, distribués dans des enveloppes également cotées de sa main, et de plus, ceux qui remplissaient l'envoppe où il a écrit lui-même *figurativi, symbolici;* enfin, un grand nombre de cartes de la main de Champollion, ajoutées par Salvolini à ses mauvaises copies.

On comprend, avec la possession d'un tel manuscrit,

les explications si *nouvelles* que Salvolini donnait dans ses ouvrages, d'une foule de signes égyptiens sur lesquels les doctrines du savant français étaient encore inconnues. En veut-on des exemples?

Campagne de Rhamsès le Grand, pages 46 et 47 : « la *pousse de palmier* est bien plus souvent encore employée à la suite d'un titre donné aux chefs de la caste militaire, qu'on lit ρπο, ερπω., et qui *me paraît* avoir le sens de *jeune*, νέος. » Et on lit dans le *Dictionnaire* manuscrit de Champollion, à la suite de ce même groupe, ces mots : «ρπο, ρπα, manque dans le copte. Il paraît avoir le sens de jeune, νέος, *juvenis*. C'est un titre donné aux chefs de la caste militaire. » Suit la citation *Tombeaux de Beni-Hassan*; mais comme Salvolini n'avait pas vu Beni-Hassan, et que les dessins des monuments de cette localité n'étaient pas encore publiés, le plagiaire a fort habilement supprimé cette citation.

Même ouvrage, pages 49, 50, 51 et 52, sur la figure d'homme debout ayant un bâton à la main, on lit ce qui suit : « On aura remarqué les deux signes que j'ai trans-
« crits par ωнρ, et que j'ai traduits par *chefs*. Le premier
« (l'homme debout) est un caractère figuratif-symbolique,
« représentant un Égyptien debout, quelquefois revêtu
« d'une tunique et tenant une canne ou un sceptre. A
« part l'idée qu'on est *naturellement* porté à reconnaître
« dans ce caractère le sens de *domination*, *seigneurie*,
« *commandement*, un rapprochement très-simple peut jus-
« tifier la lecture que *j'en ai donnée*. J'avais observé sou-
« vent, dans les textes de toute espèce, que notre image est
« précédée de deux caractères phonétiques 𓄿 ωρ, etc.»

Voici ce qu'on lit dans le *Dictionnaire* de Champollion, à l'article l'*homme debout* : « Caractère figuratif-symbo-
« lique, représentant un Égyptien debout, quelquefois

« revêtu d'une tunique, et tenant d'une main un sceptre.
« Il exprime l'idée de *domination, seigneurie, commande-*
ment; il se prononçait ⲱⲉⲣⲓ, ⲱⲏⲣⲓ d'après les noms
« propres; il répond au phonétique ⲱⲡ.»

On ne peut refuser à Salvolini d'avoir porté à quelque
perfection l'art de faire sien le bien des autres.

Nous avons signalé plus haut la véracité de la note de
Salvolini relative à ⲁⲣ et ⲱⲡ, et à la valeur phonétique
de l'hirondelle.

Même ouvrage, page 14, on lit : « Ce caractère
représente les inégalités de la surface terrestre, les vallées
et les montagnes, et sert à exprimer les idées *terre, pays* ; =
(surmonté) du poteau ; il renferme une idée de mépris,
de pays ou peuple vaincu. » Et on lit dans le *Dictionnaire*
au même signe : « Caractère figuratif représentant des
montagnes, et exprimant l'idée ⲕⲁⲅ, ⲕⲁⲅⲓ, terre = surmonté du poteau, ce groupe exprimait l'idée générale
de contrée barbare. »(Voyez aussi la *Grammaire*, page 138,
où les mêmes idées sont exprimées par les mêmes mots.)

Même ouvrage, page 77 : « J'ai déjà eu occasion, dans le
courant de cette lettre, de *démontrer* la valeur phonétique ⲓ
de l'*œil;* la *bouche* représente la consonne ⲡ ; ce groupe,
et très-souvent l'*œil isolé*, exprime le copte ⲓⲡⲓ, *faire;* » et
en note : «Il est curieux de comparer cet emploi de l'*œil*
pour exprimer le verbe ⲓⲡⲓ avec le mot égyptien ⲓⲡⲓ, que
Plutarque (*de Is. et Os.*, 355) nous apprend avoir eu la
signification *œil*. Au reste, une variante du Rituel funéraire de Turin m'a offert le mot ⲓⲡⲓ employé aussi pour
exprimer l'idée *œil*. »—Si nous ouvrons le *Dictionnaire*
au signe *œil* et au feuillet numéroté 108, dont une carte
n° 17 est une copie de la main de Salvolini, nous y retrou-
vons la source de ses *démonstrations* et de ses préceptes.

1. Les groupes l'*œil* et la *bouche* se lisent ιρι, ειρι, *facere*, faire, dans les diverses acceptions du mot.

2. L'*œil isolé*, caractère phonétique représentant l'œil humain, qui, selon Plutarque, était appelé ιρι en langue égyptienne. C'est le signe vague des voyelles ⲁ, ⲉ, ι. (*Dictionnaire* imprimé, page 66. D, et le 5ᵉ article qui suit).

Au surplus, le mot copte ιρι n'exprime l'idée *œil* que dans le glossaire de Salvolini.

Même ouvrage, page 86, on lit : « Le mot ϣⲟⲡϣ, dans le zodiaque circulaire de Dendérah, exprime le nom de la *cuisse*, constellation du ciel boréal, et (le groupe) est alors suivi d'un second déterminatif, une *étoile*; — et à la page autographe du *Dictionnaire*, numérotée 295 de la main de Salvolini, on lit à la suite du groupe terminé par le signe déterminatif *étoile*, ⲍⲡϣ, ⳓⲟⲡϣ, la constellation de la cuisse, qui est dans la partie septentrionale du ciel. (Voyez le planisphère de Dendérah.) »

Même ouvrage, page 102, « le signe le *maillet* (la truelle) se rencontre à chaque pas comme déterminatif de ⲩⲛⳋ, en copte ⲩⲟⲧⲛⲕ, ⲩⲟⲛⲕ, *fabricare*, *formare*, *efformare*, par analogie, *creare*. — Un feuillet du *Dictionnaire* auto-graphe, numéroté 33 par Salvolini, contient le groupe hiéroglyphique terminé par le *maillet* ou la *truelle*, et ces mots : ⲩⲛⲕ, copte ⲩⲟⲧⲛⲕ et ⲩⲟⲛⲕ, *formare*, *fin-gere*, former, donner une forme, travailler, *créer*. »

Voilà une idée sommaire de l'ouvrage où Salvolini a puisé si résolument, qu'il appelle un *essai inédit de vocabu-laire hiéroglyphique* (*Analyse*, p. 32, nº 1), *de Dictionnaire égyptien*, qu'il accuse M. Rosellini d'avoir consulté trop souvent (*Analyse*, p. 154, à la note), et dont il déclare *posséder une copie tirée de l'autographe*.... Mais il n'a jamais indiqué cette source féconde, ce puits de science toute faite, lorsqu'il y a si souvent puisé.

X. *Tableau général de correspondance des caractères hiéroglyphiques linéaires et hiératiques*, quatorze feuillets in-4° ou in-f° (dont trois de brouillon).

Après avoir établi dans son mémoire sur l'écriture hiératique, imprimé à Grenoble en 1821 et accompagné de planches lithographiques (1), les rapports matériels de cette écritute hiératique avec l'écriture hiéroglyphique, principe largement développé en toutes ses conséquences dans le mémoire spécial sur ce sujet, lu à l'Académie des inscriptions en la même année 1821, ainsi que dans le *Précis* et la *Grammaire égyptienne*, Champollion le jeune avait dressé un long tableau de la synonymie matérielle de ces signes, et ce tableau devait former le trente‑neuvième paragraphe de la *Grammaire :* en jetant les yeux sur cet ouvrage imprimé, on verra que c'était là, en effet, la véritable place de ce tableau.

Je ne le trouvai point avec le manuscrit de la *Grammaire :* je ne pouvais point l'y trouver, Salvolini l'avait enlevé, et c'est au sujet de ce manuscrit que son audacieuse entreprise a été portée à son point de perfection.

Possesseur de ce manuscrit autographe dès le commencement de l'année 1832, Salvolini a osé faire imprimer ce qui suit :

« Depuis quelque temps *j'ai travaillé à rédiger* aussi divers *appendices* que je crois nécessaires pour cet ouvrage (la *Grammaire égyptienne*). Ils consistent : 1° dans un *Tableau général de correspondance des caractères hiéroglyphiques*

￼ (1) Il faut noter ici une autre singularité relative à ce mémoire qui contient la première rédaction de ce Tableau synonymique : Klaproth le linguiste a dit quelque part dans l'une de ses brochures antiégyptiennes, qu'il n'avait jamais pu le connaître, mon frère ayant soigneusement *retiré, supprimé* les exemplaires de ce mémoire. Le catalogue de la bibliothèque de Klaproth prouve qu'il en possédait deux exemplaires (V. son Catalogue, n° 1317 et n° 1318.). En quelles mains ce travail sur l'écriture hiératique était-il donc destiné à passer?

purs, linéaires et hiératiques. (*Seconde lettre* sur les principales expressions qui servent à la notation des dates,
page 65, note 1, Paris, janvier 1833, in-8°.)

« La transcription *hiéroglyphique* que j'ai cru utile d'of-
frir de toutes les *phrases hiératiques* que j'ai eu occasion
de citer, est fondée sur un *Tableau général de correspondance de l'écriture hiéroglyphique et hiératique*, que *j'ai tiré*
de la comparaison d'un grand nombre d'exemplaires du
Rituel funéraire, tracés d'après les deux méthodes. » (*Campagne de Rhamsès le Grand*, Lettre à M. l'abbé Amé-
dée Peyron, page 8, note 1; Paris, janvier, 1835, in-8°).
—Et il y a ici un groupe de mensonges : car les exemples
hiératiques transcrits en hiéroglyphes sont presque tous
pris dans le manuscrit de la *Grammaire égyptienne*, enlevé
avec les autres manuscrits. (Voyez *suprà*, page 16.)

(*Suite des citations.*) «Pour que rien ne restât sans
démonstration dans cette partie de mon analyse, j'aurais
voulu renfermer aussi dans le premier volume *un travail
que j'ai depuis longtemps achevé*, le Tableau *général des
correspondances des écritures hiéroglyphiques et hiératiques ;* ... « ce tableau, travail de première nécessité, qui
« MANQUE DANS LA GRAMMAIRE ÉGYPTIENNE DE CHAMPOLLION,
« quoiqu'il eût été pourtant bien naturel de le placer *en tête*,
« je l'ai réservé pour en faire l'introduction du second
« volume de mon ouvrage (*Analyse de différents textes
« anciens égyptiens*, introduction, page XXX et page 74,
note 1, Paris, 1836, in-4°);» et il y a ici un reproche du
fidèle disciple envers l'ouvrage de son maître, qui serait
un outrage, si ce n'était quelque chose de plus affligeant.

Selon le laborieux explorateur, son tableau devait servir à lever toute sorte de doutes relativement à la na-
ture des objets dont les caractères qu'il interprétait sont
les images (*même note*); et cette démonstration doit ré-
sulter de la synonymie matérielle des signes hiérogly-

phiques et des signes hiératiques, ceux-ci ramenant, par une autre synonymie matérielle également incontestable, les signes démotiques de l'Inscription de Rosette, aux signes hiéroglyphiques dont la valeur est bien fixée : et ce *tableau* synonymique, qu'il a si péniblement *travaillé*, *rédigé*, qu'il a *tiré de la comparaison d'un grand nombre de rituels funéraires*, qu'*il avait depuis longtemps achevé* en l'année 1836, *ce travail de première nécessité*, *qui manque dans la Grammaire égyptienne* de son maître, était la base essentielle de son analyse de l'Inscription de Rosette, le texte démotique du manuscrit devant être immédiatement ramené au texte hiéroglyphique par ce *tableau*.

On comprend dès lors toute son insistance à s'en déclarer l'auteur ; mais il fit plus, il donna au manuscrit de mon frère une couverture nouvelle, sur laquelle il écrivit ce qui suit de sa main :

« TABLEAU *général de la correspondance des caractères hiéroglyphiques linéaires et hiératiques*, PAR F. SALVOLINI. *Paris*, 1835, *fogli* 11.

Le *fac-simile* ci-joint donne la copie figurée de ce titre d'après l'autographe, et les premières lignes de l'ouvrage de la main de son véritable auteur. *Fac-simile* n° 1 et 2 (1).

Il paraît, du reste, que le disciple s'était habitué à cette prise de possession des ouvrages de son maître, soit par inclination, soit par pure vanité : car dans la liste qui suit,

---

(1) Quand Salvolini a mis la date de 1835 à ce titre, il avait oublié qu'il parle de ce tableau en 1833, et que le 1er janvier 1835, il le donne comme fait, *suprà*, page 24, ligne 11. De plus, il existe une autre couverture du même manuscrit de Champollion avec cet autre titre de la main de Salvolini : *Tableau de le* (sic) *correspondance des signes hiératiques et hiéroglyphiques. Paris, l'année* 1830.

Ces derniers mots sont ensuite exprimés en signes hiéroglyphiques fort baroques ; par exemple, le nombre 800 y est figuré par huit signes de l'unité suivis de la figure du chiffre *cent* à contre-sens, ce qui ne se voit que dans les textes égyptiens de la fabrique du savant italien. On apprend par là combien il a hésité sur la date qu'il donnerait à *son* tableau de concordance. *Fac-simile*, n°s 3 et 4.

des ouvrages manuscrits sur lesquels il a mis sa main et son nom, on voit figurer des travaux de collége, que mon frère n'avait pas dispersés.

A. *Grammaire égyptienne du dialecte thébaïque*, Paris. J. F. C. 1808 : — notre amateur y a mis son nom au crayon, et a fait de J. F. C. le nom *mars.*, et de 1808, 1831.

B. *Grammaire samaritaine;* il a ajouté : PAR F. S. PARIS.

C. *Cahier de notes* sur les Phéniciens, leurs médailles et inscriptions, le Périple d'Hannon;—additions : *Phéniciens. Médailles phéniciennes et puniques*, par F. S.

On a vu dans le document historique cité à la page 7, qu'il s'était approprié aussi un ancien Précis de l'histoire d'Égypte, en y ajoutant les mots *par Fr. Salvolini :* il a joint à ce même précis, qui est en français, cette autre note de sa main, en italien : « Trattato di storia Egizia. — Completo — mancano solo alcune pagine in ultimo nella lista chronologica comparativa, dalla pag. 116 — 133 ; ma legendo il trattato se ristabilirano subito. »

Et puisque nous en sommes à la série des méfaits isolés, quoique toujours du même mérite, ajoutons ces autres indications.

1° Dans l'écrit intitulé *Campagne de Rhamsès*, on trouve aux pages 11 et 59 deux passages tirés du papyrus hiératique de la momie de Pétaménoph, qui est au cabinet des antiques de Paris; ces deux passages sont figurés en hiératique et transcrits en hiéroglyphes sur la planche n° 7, traduits en copte et en français dans le texte de l'ouvrage. — La lecture hiératique (la séparation des groupes, opération fondamentale de toute interprétation), la transcription hiéroglyphique, la traduction copte et la traduction française, sont prises du manuscrit de Champollion, intitulé : *Papyrus de Pétaménoph*, fils de Cléopâtre Candace, Thébain, page 1ère; manuscrit qui fait partie du n° 19 des papiers retrouvés chez Salvolini. Mais il a encore mal copié en cette occasion : il exprime l'idée *homme* dans les deux textes égyptiens, mais il oublie dans la transcription copte le mot ⲣⲱⲙⲉ, qui est bien dans le manuscrit français. Dans la copie de la page 59, il oublie encore un mot du texte français, après l'avoir bien copié dans le copte, c'est le mot ⲛⲧⲉ, *que* (*laquelle*), et il fait cette singulière phrase latine, qui est bien à lui : « Cleopatra (femina) sunt dicentes illi Candace, » et le manuscrit français porte ces mots : « Cleopatra (femme étrangère) *que* ⲛⲧⲉ on appelle elle Candace (qu'on appelle, qu'on dit à elle, qu'on nomme Candace). »

2° Dans la préface de l'*Analyse de différents textes égyptiens* (pages XXIII et XXIV), Salvolini cite le passage d'un mémoire (qui m'est inconnu) de M. l'abbé Peyron : « Pour parvenir à une analyse aussi complète (des groupes en écriture démotique), il faut remonter de l'élément *démotique* à sa forme *hiératique*, et de cette dernière à la forme *hiéroglyphique :* cela est exigé par la filiation des signes ; c'est aussi ce qu'exige l'unité des trois écritures, qui toutes aboutissent à un seul et même système. »

Après cette citation, Salvolini ajoute : « L'importante
« remarque que le savant professeur de Turin publiait, il
« y a un an, relativement à la *généalogie* des signes démo-
« tiques, à laquelle il fallait avoir recours pour l'explica-
« tion de cette écriture, avait été, quelques années aupara-
« vant, mon véritable point de départ dans mon entreprise
« sur le texte intermédiaire de Rosette. *Il est étonnant*
« que cette idée fondamentale ait échappé aux savants qui,
« avant moi, ont consacré leurs méditations à l'explication
« de ce texte... Quant à moi, *il est juste que j'avoue ici*
« que c'est presque *par instinct* que je me suis trouvé tout
« d'abord sur la voie où mon travail allait prendre une
« marche sûre.... Familiarisé de longue main avec les signes
« des deux écritures, par une application préalable de dix

« ans..., dès la première inspection du texte intermédiaire
« de Rosette, je me reconnus, à ma grande satisfaction ,
« maître du fil conducteur qui pouvait diriger mes pas. »

De tels aveux n'ont vraisemblablement pas coûté beaucoup à la modestie de l'auteur : ils n'intéressent, en effet,
que sa conscience, car ce sont autant de mensonges.

Les écrits de mon frère abondent en renseignements
sur la *généalogie* des trois espèces d'écritures égyptiennes.
Cette généalogie et la *similitude d'expression* des signes
correspondants *hiéroglyphiques*, *hiératiques et démotiques*,
malgré les différences de formes, sont un élément fonda-
mental dans tous ses ouvrages. Le onzième paragraphe du
chapitre X du *Précis* du système, publié en 1824 et en 1828,
a pour objet la *liaison intime de l'écriture hiéroglyphique
avec les deux autres sortes d'écritures égyptiennes*. On y lit,
à la page 354 (ou 420, deuxième édition), que les signes
hiératiques sont immédiatement dérivés des hiéroglyphes ;
que les signes des deux espèces répondent exactement les
uns aux autres, abstraction faite de leurs formes matériel-
les ; et page 356 (ou 422), que l'écriture démotique em-
prunte tous ses éléments à l'écriture hiératique.

A la fin des deux éditions du *Précis*, on trouve en onze
planches, l'alphabet des signes phonétiques hiéroglyphiques avec leurs *signes démotiques correspondants*, et cette
correspondance était applicable au texte intermédiaire de
l'inscription de Rosette, comme à tout autre texte démotique. Enfin, en 1822, dans la *lettre à M. Dacier*, le
maître avait dit, à la page 39 : « Il n'existe entre les deux
alphabets, l'*hiéroglyphique* et le *démotique*, d'autre différence que la *forme* seule des signes, la *valeur* demeurant
la même ; » et qu'il en était ainsi de la partie *idéographique*
(page 38).

Tout ceci, tout le monde le savait. Mais Salvolini en savait
davantage encore par la possession criminelle des manus-

crits de Champollion, notamment du travail sur l'Inscription de Rosette, et du Mémoire sur l'écriture démotique, dont une copie, connue aussi de Salvolini, qui en fait l'aveu, est restée en Italie. On lit, en effet, dans ce mémoire, qui date de l'année 1822, ces paroles qui contiennent l'*idée fondamentale* si hautement annoncée par Salvolini : Page 111, « *Il devient évident que dans le texte intermé-* « *diaire* (démotique) *du monument de Rosette,* CHACUN *des* « *signes qui composent les groupes,* TIENT, *comme dans le sys-* « *tème* d'écriture hiératique, *la place d'un signe hiéroglyphi-* *que;* » et l'auteur fait plus qu'énoncer cette règle, cette véritable généalogie des signes, il donne aux pages 29, 30, 31, 32, 33, 34 et 35, un tableau à trois colonnes contenant les *caractères du texte intermédiaire de l'inscription de Rosette, avec leurs signes hiéroglyphiques correspondants;* il ajoute aux pages 41 et 42 du même mémoire une série de groupes démotiques de l'Inscription de Rosette, rapprochés des groupes hiéroglyphiques correspondants sur le même monument. Enfin, le même mémoire est terminé par l'analyse même de l'Inscription de Rosette tout entière, sur six lignes concordantes, y compris la correspondance interlinéaire des signes *démotiques* avec les signes *hiéroglyphiques* du monument : et ce dernier tableau est le n° 3 même du ballot de manuscrits de Champollion repris sur Salvolini, et sur ce n° 3 on lit encore de sa main : *Demotica.* F. S.

Voilà son véritable *instinct*, celui qui « l'a très-souvent « mis tout d'abord sur la voie où son travail allait prendre « une marche sûre! »

XI. *Tables analytiques du grand Rituel funéraire.* Ce manuscrit n'a pas moins de quatre-vingts feuillets in-4°, et se compose de trois parties; la première est intitulée : *Divisions générales par chapitre, section et formule, avec la description de toutes les vignettes du Rituel;* la deuxième,

Extrait ; la troisième, *Collation* de divers exemplaires du Rituel. Deux feuillets préliminaires sont marqués A 1 et 2.

Des citations textuelles du Rituel, avec leur traduction, sont fréquentes dans les ouvrages de Salvolini ; elles supposaient une longue et fructueuse étude de ce traité religieux. On voit aujourd'hui où il a pris sa science : les manuscrits du maître portent ces dates : « Turin, juillet « et août 1825.—Fin du Rituel, 21 7ᵇʳᵉ 1825.»

On comprend par là « les *considérations* qui l'ont engagé « à publier un *tableau analytique du grand Rituel funé-* « *raire* du musée de Turin, avec indication de chaque « section et de chaque chapitre, d'après, dit-il, la division « que *j'ai* cru pouvoir adopter pour cette immense com- « position... *J'y ai transcrit* fidèlement les titres égyptiens « de chaque section et de chaque chapitre, sans oublier « une courte *description de la vignette* qu'on voit cons- « tamment en tête de ces dernières. » (*Analyse gramma-ticale* , etc., *Introduction*, page XXVIII.)

Quelques exemples de cette nouvelle classe d'emprunts doivent être recueillis ici.

Campagne de Rhamsès, page 46. « Le premier jour du mois, lorsque la lune était jeune (nouvelle). » Le texte hiéroglyphique, la lecture copte et la traduction française, sont à la page 18 du manuscrit de Champollion ; on y lit : pⲛ̄ⲛ, et non pas pⲛ̄ⲛⲉ ; de plus, dans le manuscrit, le signe feuille de palmier est sans piédestal ; il a donc été ajouté aussi mal à propos.

Dans l'*Analyse des textes*, page 67, au n° 256, il est parlé de la description de Néith-Panthée et des trois têtes élevées sur la tête de lionne. Ceci est tiré de la page 70 du manuscrit de Champollion, où se trouve la traduction de cette partie du Rituel.

A la page 74 du même ouvrage, *Analyse des textes*, Salvolini donne le titre des chapitres 10, 12 et 13, 3ᵉ sec-

N°1.

Tableau général
de la correspondance des caractères hiéroglyphiques,
linéaires et hiératiques —
par
F. Salvolini ✝
Paris 1835
foglio II

N°2.

39- Nous donnerons ici un tableau général *de la correspondance* des Formes Hiératiques et Hiéroglyphiques linéaires : ou S'appercevra en 1.er Etudiant, 1° que les Signes Hiératiques pouvaient être tracés d'une manière reconnaissable par la main la moins exercée au dessin ; 2°

N°3.

N°4.

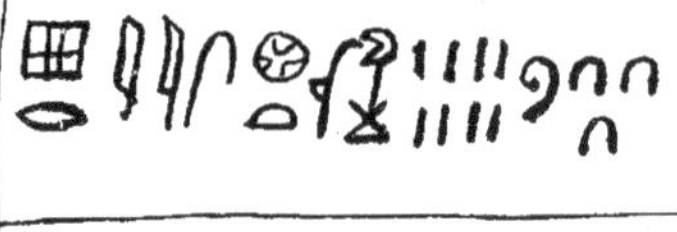

tion, IIIe partie du Rituel, concernant, dit-il, *le nilomètre,
le vautour et le collier :* on trouvera ce même texte à la
page 21 du manuscrit autographe, sous les mêmes chiffres,
et on y lit textuellement : chapitre du *nilomètre d'or,*
chapitre *du vautour d'or,* chapitre *du collier d'or,* comme
Salvolini *l'a deviné.*

Voici quelques passages du manuscrit autographe contenant les descriptions de quelques vignettes du grand Rituel :

« IIe Partie, section 1ère. Tableau représentant les *trois
cieux* et la terre, où est figuré le défunt avec les siens lui
rendant les honneurs funèbres. »

« Section 8ème. La bari de Phré, suivie du vanneau, conduite par le défunt, et voguant vers l'enseigne, derrière
laquelle est Osiris, près du grand nilomètre. »

« Section 9ème. Le défunt adorant au bas d'une hauteur,
sur laquelle sont les dieux Phré, Souk, Harsiési et un
serpent. (Au lieu d'Horus, on voit Athôr dans le manuscrit hiératique). »

« *Idem.* Le grand tableau de l'année agricole, avec les
formules qui se rapportent à ses diverses parties. »

« Section 10ème. Macédo conduisant par la main le défunt
vers une hauteur sur laquelle est un naos. — Le défunt
adorant les quatre génies de l'amenti. — Long texte (trente-
trois colonnes) se rapportant aux quarante-deux parèdres
d'Osiris. — Grande scène du jugement. » (Suit la description
des vignettes de la IIIème section.)

Je trouve dans les feuilles du manuscrit autographe un
feuillet sur lequel sont ces lignes de la main de mon frère :
*Table analytique du grand Rituel funéraire, avec les titres
de chaque chapitre. — Turin, juillet et août 1825.*

Je suis convaincu que ceci est le titre d'un autre manuscrit de mon frère, également enlevé par Salvolini, et
qui n'est pas revenu : car c'est sous ce même titre, mot
pour mot, que Salvolini annonce le prétendu tableau qu'il

devait *publier* par l'emploi simultané de la lithographie et de la typographie ; (*Analyse*, *Introduction*, page XXVIII).
De plus, une note de la main de Salvolini, oubliée à la page 21 du manuscrit autographe, est ainsi conçue :
« Parte III, 2ª subdivisione, *l'Analise* non arriva che alla
« formola 4, incluse... le pagine bianche ; riprende (non so
« se al principio) dalla form. Iª, subdiv. 3ª. —Revisto, va
« d'accordo. »

Ainsi, il a été à même de comparer ensemble le manuscrit autographe relatif au Rituel funéraire avec cette *table analytique* dont nous sommes privés. C'est de là qu'il a tiré les titres des divers chapitres du Rituel funéraire, traduits en français, qui sont imprimés, comme son œuvre, dans ses divers écrits.

Du reste, si mes souvenirs ne me trompent point, il existe quelque copie de cette *Table analytique du Rituel* avec la traduction du titre des chapitres.

Et pour mettre entièrement à découvert la science du fidèle disciple dans l'interprétation des Rituels funéraires, nous dirons qu'il a pu, sans trop de labeur, et avec une grande apparence de science, citer, traduits en français, maints passages ;

1º Du papyrus funéraire de la momie de *Sotimès*, au cabinet du roi : car il avait dans ses mains la copie et la traduction française de ce papyrus, de la main de mon frère ; il a écrit de la sienne au bas de cette traduction : (*Soutimes*) *Cab. du Roi* ;

2º Du manuscrit d'*Arsièsi*, du musée du Louvre : car il était aussi possesseur de la copie, de la lecture copte et de la traduction française par mon frère de ce même papyrus ;

3º Du manuscrit de *Pétaménoph*, cabinet du roi, puisqu'il a eu aussi à lui, au même titre que tout le reste, la copie, la lecture en copte et la traduction française, toujours par mon frère, de ce même manuscrit ;

Et avec ces deux derniers papyrus dans ses mains, lus et traduits par le savant français, il a pu, sans suer non plus, faire cette collation comparative des deux textes, dont il s'enorgueillit à la page 127, note 1, de son *Analyse des textes anciens*.

4° Il en est de même des passages qu'il jette dans ses livres, comme ferait un Crésus de quelques pièces de monnaie à des pauvres, de l'*inscription de la statue du roi Horus* du musée de Turin (*Analyse*, page 177, note 2) : car il avait soustrait aussi la copie de cette belle inscription, lue et traduite par mon frère; — de même encore des *Litanies d'Osiris*, dont il s'était approprié les deux copies en *hiéroglyphes*, en *hiératique*, d'après les deux papyrus de Turin, conférées verset par verset, et traduites; copies qui forment deux cahiers in-folio, où sont ces deux dates : 9 octobre 1824, 6 septembre 1825.

5° On trouve à la page 91 de l'*Analyse*, à la note 6, l'explication très-détaillée des inscriptions funéraires d'un Égyptien, nommé Eiméï, dont le tombeau est près de la deuxième pyramide, en face de la grande : ceci est encore *copié* du manuscrit de mon frère, rédigé sur les lieux mêmes, en face du monument. Il a donc été bien facile au fécond producteur de donner dans le 1ᵉʳ volume de la *Correspondance d'Orient* de MM. Michaud et Poujoulat, le *texte hiéroglyphique et l'Analyse* de ces inscriptions, qui datent du règne du roi Suphis.

6° Nous terminons cet article par l'indication de deux graves inadvertances du plagiaire pseudo-propriétaire :

Le savant astronome M. Biot, recherchant des traces d'observations lunaires chez les Égyptiens, a eu connaissance par Salvolini de deux passages du Rituel, qui paraissent s'y rapporter : voici les propres paroles de M. Biot, pages 118 et 119 de ses *Recherches sur l'année vague des Égyptiens* :

« Les plus anciens indices que l'on ait jusqu'ici de ce

« genre d'observations, consistent en deux passages que
« M. Salvolini *a remarqués* dans le grand Rituel funéraire,
« conservé au musée royal de Turin, et qu'il a *interprétés*
« par les principes de Champollion d'une manière non
« douteuse. Le premier est le titre du quinzième chapitre,
« troisième partie, première section; il porte :

« *Livre des cérémonies du* 3o *méchir, lorsque la lune est
pleine le* 3o *méchir.*

« Le second est le titre du chapitre X. de la même section; il porte :

« *Livre des cérémonies lorsque la lune est pleine, le* 1ᵉʳ *du
mois.* »

Or, ces deux passages *remarqués* et *interprétés* par Salvolini ont été tout simplement *copiés* par lui à la page 18
du manuscrit de Champollion, MAIS MAL COPIÉS : car on
lit sur ce manuscrit :

1ᵉʳ *passage.* IIIᵉ partie du Rituel, Iʳᵉ section, chapitre 15:
  « Livre des cérémonies du 3o mesori (et non pas *méchir*),
  « lorsque la lune est pleine, le 3o mesori. »

2ᵐᵉ *passage :* « Lorsque la lune est nouvelle (et non pas
         pleine), le 1ᵉʳ du mois. »

XII. *Grammaire de la langue copte.* Lorsque Champollion entreprenait d'étudier une langue à fond, il en
rédigeait, selon lui, une grammaire plus ou moins étendue; il ne pouvait manquer à cet usage à l'égard de la
langue copte, et il en résulta une grammaire complète, qui
formait un gros volume in-4°. Les deux cent cinquante
premières pages furent mises au net et reliées en 1816.
Livrée depuis à qui a voulu en prendre copie (je dirai
ailleurs par qui et sous quel nom cet ouvrage de mon
frère a été *imprimé* en l'année 1835 à l'étranger), Salvolini
ne s'en fit faute ; mais le manuscrit mis au net ne contient

que les premiers chapitres de l'ouvrage, et finit avec le VIe, qui traite du verbe dans de nombreux paragraphes.

Il y manque donc le chapitre VIIe et les suivants, qui contiennent les règles relatives aux *particules indéclinables*, telles que les *prépositions*, divisées en simples et leurs dérivés, en *prépositions* dérivées, en *prépositions* composées, le tout distribué en quarante-huit paragraphes; les *conjonctions*, les *mots conjonctifs*, les adverbes, la *syntaxe*, des considérations sur les *dialectes*, etc., etc.

Tous ces matériaux parurent bons à Salvolini pour compléter son extrait ou ses copies de la *Grammaire copte*, et il emporta ces matériaux : nous les avons retrouvés dans une couverture de mauvais papier gris, sur laquelle le disciple, si dévot aux œuvres du maître, a écrit de sa main : *Grammaire égyptienne*, n° 2. *Particules indéclinables.*

Si nous voulons nous enquérir de l'usage qu'il en a fait, nous trouverons :

1° Que le tableau des pronoms coptes affixes, qui est à la page 71 du manuscrit original, est imprimé à la page 116 de l'*Analyse grammaticale;*

2° Que le tableau des pronoms coptes composés, qui est à la page 81 du manuscrit original, est imprimé à la page 115 de la même *Analyse.*

Toutefois, dans sa copie, le docte coptisant a oublié que, pour la seconde personne du singulier, il y a un pronom masculin ⲁⲛⲛ et ⲁⲛⲟⲛ, et un pronom pour le féminin, qui est ⲁⲛⲧⲟ̀, ⲛ̄ⲧⲁ et ⲛ̄ⲑⲟ, selon les dialectes thébain, barchmourique ou memphitique. Ce pronom est tout à fait omis par le copiste.

Nous nous abstenons d'entrer dans un plus long exposé de l'usage que Salvolini a fait à son profit de la *Grammaire copte* de Champollion, ouvrage encore plein de nouveautés malgré de récentes publications. Les savants seront incessamment à même d'en juger, et le précepte *cuique suum* n'aura jamais été appliqué plus largement.

Du reste, ce qui vient d'être exposé révèle dans Salvolini un esprit des plus éclairés sur ses propres intérêts, et dans l'art de les faire prospérer par le bon choix des moyens et la persistance dans l'exécution : feuillet à feuillet, pour ainsi dire, il emporte chaque jour quelques parties des plus importants manuscrits de son maître au lit de mort, et au jour fatal, il possède tout entiers la *Grammaire copte*, la *Grammaire égyptienne* et le *Dictionnaire hiéroglyphique*... il n'a plus qu'à copier pour être un des plus savants hommes de son siècle. L'article qui suit montrera jusqu'où son audace put s'avancer.

XIII. *Mémoire sur les signes employés par les anciens Égyptiens à la notation des divisions du temps*, cinquante-neuf pages in-4°, avec dessins et tableau.

Ce mémoire est celui que Champollion lut à l'Académie des inscriptions et belles-lettres, le 18 mars 1831, et qui vient d'être imprimé (septembre 1841), dans le tome XV des Actes de cette compagnie.

Nous serons court sur ce sujet : il nous suffit d'avertir que ce mémoire est l'ORIGINAL, mot pour mot, des deux *Lettres sur les principales expressions qui servent à la notation des dates sur les monuments de l'ancienne Égypte, d'après l'Inscription de Rosette*, adressées par Salvolini à M. l'abbé Gazzera de Turin, et imprimées à Paris, chez Dondey-Dupré, en 1832 et 1833, format in-8°, et datées, la première du mois d'octobre 1832, et la deuxième du mois de janvier suivant.

A l'examen des papiers de mon frère, en l'année 1832, je m'aperçus bientôt que les trente-huit premières pages de ce mémoire, qui avait fait quelque bruit, n'existaient plus : toutes les recherches furent inutiles pour les retrouver. L'année d'après, une voix imposante les réclama en vain dans une solennité publique; Salvolini les avait enlevées; les deux *lettres* à M. l'abbé Gazzera étaient déjà publiées; et ce n'est qu'en 1840 que les trente-huit pages ont été retrouvées avec les dessins nécessaires à l'intelligence du mémoire, et la Notice sommaire lue par l'auteur à l'Académie des sciences, le 4 avril 1831.

Salvolini choisit pour son début public dans l'archéologie égyptienne, ce grand mémoire, l'un des meilleurs ouvrages de mon frère, parmi ceux qui ont pour objet l'application de ses doctrines à l'interprétation des monuments.

C'est aussi dans cette publication que se montre avec une perfection inouïe l'art de déguiser les plus odieux plagiats, et, pour être juste, il faut reconnaître que l'habileté de la fraude n'est pas au-dessous de la valeur du butin.

Après avoir tâché, page 6 de la *Première Lettre*, de dépister le lecteur, en parlant d'un mémoire de Champollion «*sur l'année astronomique des Égyptiens*, sujet auquel mon frère n'a jamais pensé, Salvolini débute par ces longues lamentations sur la perte du manuscrit autographe: «Mais n'est-ce « pas assez que la mort ait mis un terme à tant d'utiles tra- « vaux qu'il allait entreprendre? Le destin nous a ravi à « toujours, peut-être, ce dernier ouvrage qu'il croyait avoir « légué à la science. Champollion prononça, quelques « jours avant sa mort, le nom d'un individu auquel, tou- « jours d'accord avec son beau caractère, il n'avait pas su « refuser son manuscrit : ce nom, peu connu des amis qui « entouraient son lit, fut oublié pendant la terrible catas- « trophe qui, peu de jours après, termina une vie si pré- « cieuse, et c'est ainsi que, *par une action qu'il n'est pas « encore permis de qualifier,* la science reste jusqu'ici pri- « vée de ce chef-d'œuvre. »

Et le malheureux qui écrivait ces mots possédait le manuscrit!

Il ajoute aussitôt : « J'eus le bonheur de *prendre* dans
« ce temps quelque connaissance de cet important tra-
« vail. Vous me permettrez de consigner ici l'énoncé de
« ceux de ses principaux résultats dont il m'a été possible
« de garder le *souvenir.* »

Il entre ensuite en matière pour exposer les idées *qui
lui ont été suggérées* par les divers textes de l'Inscription
de Rosette.

En donnant ici la concordance des principaux passages
de *l'imprimé* de l'inconsolable disciple, avec l'édition qui
vient d'être faite par l'Académie du mémoire autographe,
on verra que ses *souvenirs* ont été universellement fidèles,
non-seulement dans les idées, les raisonnements, les citations, le plan du travail, mais dans les paragraphes, les
phrases et les mots : à quelques maladresses ou suppressions
près, l'ouvrage de Salvolini est la copie du manuscrit de
Champollion. Voici cette concordance :

IMPRIMÉ DE SALVOLINI.	IMPRIMÉ DE CHAMPOLLION.
Pages.	Pages.
4, C'est dans sa	2, § 1er et 2.
6, pourtant.	1, § 1.er.
6, il parut	2, § 2.
7, 1° 2°, etc.	64, entière.
10 et suiv., Inscription de Rosette	5, § 2.
11 le texte grec	5, § 3 et suiv.
15, le disque	7, § 2.
15, je ne disconviens pas,	7, § 6.
18, de ce nombre	8, § 2.
19, le second groupe	9, § 2.
20, cependant	9 § 3.
21, or.	10, § 2.
22, mais l'exposition	11, § 1.

Suit une longue discussion, dans laquelle on peut reconnaître l'influence de la *Grammaire égyptienne* et du

Dictionnaire, dont le très-savant critique possédait aussi les manuscrits, et l'on peut à ce sujet vérifier la citation de la page 29 de Salvolini qui est prise de la *Grammaire* de Champollion ; elle se trouve à la page 517 de la *Grammaire* imprimée.

Continuant nos rapprochements des textes, mais plus sommairement, nous reconnaissons encore les concordances suivantes :

Pages.	Pages.
30, des *Lettres*, mais il est temps	11, §2 du mémoire imprimé.
30, Horapollon	13 et 14.
31, le mot μήν, ligne 6 du texte grec.	12, § 5.
34, notre groupe	13, § 3°

Ici finit la *première Lettre.* Les notes qui suivent se rapportent à la deuxième.

5, § 2, la série	15, la série.
7 tableau des mois	15, tableau des mois.
8, à la fin,	22, à la fin du 1er §.
10, le texte grec	16 à 23, mot pour mot
11, 12,13,14,15,16,17,18,19, 20,21, 23, application toujours heureuse	27, § 1er.
24, fragment conservé au Louvre	23, § 3.
Tableau de la note	25, en tête.
25, 26.	24 et 25.
27, registre des recettes sacrées	27 à la fin.
27, il existe	28, § 2.
28, tombes royales de Biban el Molouk	28, § 2.
28, trois groupes	26, § 2.
28, il résulta... hardiment	26, § 3.
29, toutes sortes d'incertitude	29, § 1.
29, le signe distinctif	29, § 5.
31, la seconde tétraménie	30, § 3.
32, citation du Rituel	31, 3e exemple.

(1) Pour appliquer cette concordance aux pages du xve volume des Mémoires

A cette pénible nomenclature ajoutons, quant aux parties du mémoire de Champollion relatives, 1° *aux divinités protectrices de chacun des douze mois de l'année* (*mémoire imprimé*, pages 43 à 47), 2° à la description des figures de ces divinités sculptées sur le petit temple d'Ombos, représentant les mois et les cinq jours épagomènes (*idem*, pages 48 à 51), 3° à la description des trente divinités protectrices des trente jours du mois (*idem*, pages 51 à 53), 4° à la personnification des heures (*idem*, pages 53 à 57), que ces quatre portions considérables dans l'ensemble du sujet *ne sont point traitées* dans l'ouvrage imprimé de Salvolini, et par une raison palpable, parce que le texte autographe de cette partie du mémoire n'avait pas été emporté par le copiste, les pages 36 à 54 (la 41e et la 51e doubles) étant restées dans le cabinet de l'auteur.

Et tout ceci n'a pas arrêté la main de Salvolini, écrivant audacieusement à la fin et pour conclusion de son plagiat :

« Maintenant, si je puis me flatter d'avoir bien établi
« sur leurs bases, et complétement résolu toutes les ques-
« tions auxquelles notre discussion a donné origine ; elles
« ne manqueront pas de devenir fécondes en grandes con-
« séquences : J'AURAI ASSURÉ à la science historique une
« abondante moisson de faits nouveaux, et à la chrono-
« logie des bases incontestables pour la fixation rigou-
« reuse d'époques encore flottantes dans l'incertitude des
« temps. »

Ce sont les termes mêmes dont se sert l'auteur du mémoire, *page* 4, à la fin du premier paragraphe, afin de donner une idée préliminaire de l'utilité de son travail.

---

de l'Académie, dans lequel l'ouvrage de Champollion est inséré, il faut savoir que la première page du Mémoire est à la page 73 du volume ; il faut donc ajouter le nombre 72 à l'indication numérique des pages de notre seconde colonne, si l'on a ce volume sous les yeux.

On ne peut se dispenser de rapporter aussi cet autre trait de grande habileté pratique :

Salvolini a déclaré qu'il écrit de mémoire : il ne pouvait *se souvenir* de trop minutieux détails sans courir le risque d'étonner au moins le lecteur le plus complaisant. Par exemple, on trouve sur le portique d'Edfou et dans le Rhamesseum de Thèbes des scènes astronomiques, où les douze mois de l'année égyptienne sont figurés et nommés ; il y a quelques différences, mais infiniment légères, dans les attributs ou dans les noms de ces personnages : comment se souvenir de ces minimes variantes et les mentionner dans son écrit sans se faire suspecter de quelque plagiat ? Il fallait cependant les énumérer, et leur description devait ainsi mettre la grande science de l'écrivain en un plus grand jour. Voici le mensonge qui le tira provisoirement d'affaire ; on lit à la page 43 de sa seconde lettre :

« Il ne m'est pas permis, Monsieur, de m'engager dans une description plus détaillée de ce plafond (du Rhamesseum) ni du monument d'Edfou, leurs dessins rapportés d'Égypte n'étant plus dans mes mains. C'est le même motif qui m'empêche de vous présenter ici, comme je l'aurais désiré, toutes les variantes que *je me rappelle très-bien d'avoir remarquées*, quoiqu'en petit nombre, parmi les noms et titres de nos douze divinités, soit dans le portique d'Edfou, soit au Rhamesseum, soit ailleurs. Toutefois, me trouvant posséder un riche tableau *que j'ai moi-même rédigé* d'après les copies et les dessins de Champollion, des noms, des titres et descriptions des différentes divinités égyptiennes, d'après les monuments, *j'ai été assez heureux* pour rassembler, à l'aide de ce tableau, celles de ces variantes que je vais vous énumérer successivement, et qui, je n'en doute pas, constituent le plus grand nombre d'entre elles. »

Et aussitôt il reproduit, de la page 43 à la page 5o, la

copie textuelle du manuscrit du maître, de la page 32 à 37, de la page 37 paragraphe 4 à la page 43 paragraphe 3, du mémoire imprimé.

On ne peut avoir une mémoire plus sûre ; et c'est par suite de ce rare avantage qu'il a pu dire, à la page 46 de son imprimé, au sujet du mois de *choïak :* « J'ai tout lieu « de croire qu'une pareille circonstance ne peut dériver « que de ce qu'une *fracture de la pierre* a peut-être fait « disparaître la partie du bas-relief sur laquelle étaient « sculptés le nom et l'image de la déesse en question,» puisqu'il a lu dans le manuscrit de Champollion ces mêmes mots : « Le nom de cette divinité a été emporté comme « celui de la précédente *par une fracture de la pierre,* » page 34 du manuscrit, et page 39, § 1er du mémoire imprimé. Il n'y avait qu'un Salvolini pour deviner de Paris qu'il existait une fracture sur un des cent bas-reliefs du grand temple d'Edfou en Égypte, qu'il n'avait jamais vu. Peut-on mieux jouer le savant et le devin ?

Il nous reste à dire un mot des planches qui accompagnent le texte de l'ouvrage : en comparant les grossières figures publiées par le disciple avec les dessins si corrects du maître, on reconnaîtra encore la sûreté de la *mémoire* du savant italien ; il n'a rien oublié, pas même la lecture copte du plus grand nombre des groupes, laquelle est écrite avec du crayon au-dessous de presque tous dans le dessin original, réimprimé avec le manuscrit autographe ; mais cette lecture copte manque à quelques-uns de ces groupes dans les lithographies du copiste ; par exemple, au n° 10 de sa planche première, n° 8 du dessin original, parce qu'elle manque aussi dans ce dessin.

Il y a cependant quelque défectuosité : 1° à l'exemple n° 2 de la planche II du copiste, on a écrit *l'an* 23 et *traduit* l'an 24 ; 2° à l'exemple n° 8, *b,* on a aussi écrit *le* 10, et traduit *le* 11 ; 3° dans la copie du copte, lecture de l'inscription hiéroglyphique de Philæ, le savant copiste a lu ⲗⲟⲩⲡⲁ̄ⲕ̄ⲧⲉ, qui n'a aucun sens, au lieu de ⲗⲟⲩⲧⲁ̄ⲕ̄ⲧⲉ, traduction du nombre 24 ; 4° enfin, et ce qui semblera incroyable jusqu'à vérification, le passage de l'Inscription de Rosette, figuré sous le n° 21 de la *planche première* du copiste avec la lecture copte, contient les nombres 17 et 3o (on célébrera ces jours le xvii et le xxx de chaque mois). Dans le manuscrit de Champollion, la lecture copte de ces deux nombres est écrite en toutes lettres ⲥⲟⲩ ⲙ̄ⲛ̄-ⲧⲥⲁ̄ϣϥ, ⲥⲟⲩ ⲙⲁ̄ⲛ ; mais le copiste a substitué des chiffres de sa façon, et il a exprimé le nombre 17 par les lettres ⲕ̄ⲍ̄, qui signifient 27, et ne peuvent pas signifier autre chose. Dans ce même texte imprimé, à la page 31 du mémoire, cette faute est encore textuellement répétée : valait-il la peine de se familiariser dès l'enfance avec la langue copte pour ne pas savoir à vingt ans que le nombre 10 s'exprime par ⲓ, quoique cette lettre ne soit que la neuvième dans l'ordre de l'alphabet, parce que, comme les. Grecs, les Coptes ont pour le nombre 6 l'épisé-mon, qui n'est pas une lettre, et qu'en conséquence ⲕ a la valeur de 20 ?

Mais il faut abréger, et nous abrégeons, en effet, nos remarques, nos rapprochements, disons le mot, nos accusations, que la publicité transforme immédiatement en autant de sentences ; et déplorer amèrement qu'il se soit trouvé un malheureux abusant à ce point de toutes ses facultés ; un homme doué d'une telle capacité pour la fraude, si habile à en imposer par de bonnes apparences et au nom des plus chers intérêts de la science, même aux esprits les plus élevés ; si capable de jouer les rôles les plus opposés, tout Français à Paris, tout Italien à Rome, pensionné par un souverain, mais s'engageant secrètement au service d'un autre, en lui demandant des lettres de natura-

lisation (1); néanmoins, trouvant des protecteurs et des pa-
négyristes dans tous les pays, y faisant honorer son nom,
estimer sa personne; s'ouvrant en même temps, dans deux
contrées étrangères l'une à l'autre, deux carrières d'une
égale illustration, étant destiné à la conservation du musée
royal égyptien à Turin, tandis qu'il était porté publiquement à Paris comme remplaçant de Champollion au collége de France...; rares avantages refusés si souvent à la
science, à l'âge, au travail! et qui s'accumulaient comme
à l'envi sur la tête qui en était le plus indigne!

L'histoire littéraire de notre siècle mentionnera sans
doute un si rare, quoique bien hideux phénomène : mais
souhaitons-lui le courage de l'expliquer, de cesser d'abdiquer
toute autorité, en ne bornant plus son office à l'impassible
enregistrement des succès, comme s'ils étaient tous légi-
times, comme si les lumières de l'esprit n'avaient jamais
été au service que des passions louables, des inclinations
bienveillantes, des jugements désintéressés! Que cette histoire concoure aussi par ses jugements au dessèchement,
à l'extirpation de cette espèce de scrofules morales parfois
associées aux ambitions de la science. C'est à de telles condi-
tions que l'histoire littéraire, comme toutes les autres parties
des annales humaines, aura aussi ses utiles moralités.

J. J. Champollion-Figeac.

---

(1) On lit dans les registres de la mairie du xe arrondissement de Paris,
que le 16 janvier 1837, Salvolini (François Pellegrino Joseph Gaspard), né à
Faenza, États romains, le 10 avril 1810, fait sa déclaration de demande de
lettres de naturalisation. Les témoins sont M. Biot et M. Cousin, membres
de l'Institut.